AMANDA TEM O CABELO
FÁCIL DE PENTEAR,
É SÓ REPARTIR PRO LADO
E LINDA ELA VAI FICAR.

CANTAR NO RITMO DA MÚSICA "O CRAVO BRIGOU COM A ROSA".

IDENTIFICAÇÃO VISUAL - LETRA A

PINTE OS DESENHOS CUJO NOME COMEÇA COM A VOGAL A.

COMPLETE COM A LETRA A E DESCUBRA O NOME DESTAS CRIANÇAS.

____RTHUR

____ MANDA

____UGUSTO

____ NTÔNIO

____ DRIANO

____ NDREIA

____ NA

____ MÉLIA

3

UMA SARDINHA BEM GORDINHA
O PEIXINHO QUER PEGAR,
MAS ELA, MUITO ESPERTINHA,
PULA, PULA SEM PARAR.

CANTAR NO RITMO DA MÚSICA "TERESINHA DE JESUS".

IDENTIFICAÇÃO VISUAL - LETRA E

PINTE OS DESENHOS CUJO NOME COMEÇA COM A VOGAL E.

COMPLETE COM A LETRA E
E DESCUBRA O NOME DE CADA CRIANÇA.

___DUARDO

___LI

___VA

___LENICE

___LTON

___LIS

___LISA

___DNA

___ZEQUIEL

___VELIN

LÁ DE LONGE SE OUVE O SINO
QUANDO COMEÇA A BADALAR.
E O POVO FICA SABENDO:
ESTÁ NA HORA DE CANTAR!

CANTAR NO RITMO DA MÚSICA "PIRULITO QUE BATE, BATE".

IDENTIFICAÇÃO VISUAL - LETRA I

PINTE OS DESENHOS CUJO NOME COMEÇA COM A VOGAL I.

COMPLETE COM A LETRA I E DESCUBRA O NOME.

MASCULINO

___ VO

___ VÃ

___ RINEU

EL ___

JURAC ___

FEMININO

___ ARA

___ VANA

___ NÊS

___ VONE

___ RENE

OBJETOS

___ MÃ

___ MAGEM

___ OIÔ

ANIMAIS

___ GUANA

JAVAL ___

___ ÇÁ

QUAT ___

SAGU ___

JABUT ___

FRUTAS

CAQU ___

ABACAX ___

SAPOT ___

KIW ___

A OVELHA AGITADA
BALE, BALE, SEM PARAR.
ELA CHAMA SEU FILHOTE:
"VEM DEPRESSA, VEM MAMAR".

CANTAR NO RITMO DA MÚSICA "A CANOA VIROU".

IDENTIFICAÇÃO VISUAL - LETRA O

PINTE OS DESENHOS CUJO NOME COMEÇA COM A VOGAL O.

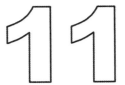   

  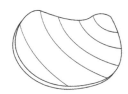 

PINTE OS QUADROS ONDE HÁ A LETRA O.

a	o	o	E	J	O
o	a	E	I	o	J
O	e	A	o	O	o
e	o	o	G	i	e

COMPLETE COM A LETRA O.

   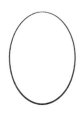

___ M ___   ___ V ___   ___ RELHA

___ LH ___   ___ CA   ___ NIBUS

URUBU É UM BICHO ESTRANHO.
VOA PRA LÁ, VOA PRA CÁ.
ELE É UMA AVE ESTRANHA,
POIS NÃO SABE CANTAR.

CANTAR NO RITMO DA MÚSICA "PIRULITO QUE BATE, BATE".

IDENTIFICAÇÃO VISUAL - LETRA U

PINTE OS DESENHOS CUJO NOME COMEÇA COM A VOGAL U.

PINTE A LETRA U.

U	A	U	a	o
U	a	o	U	a
i	U	E	i	a
u	E	e	u	o
I	u	U	e	U
U	J	e	u	U
U	e	u	E	u

15

COMPLETE COM AS VOGAIS.